AF476118

L55 b
1575

A BAS LE SUFFRAGE UNIVERSEL!

PAR

ALFRED DELVAU.

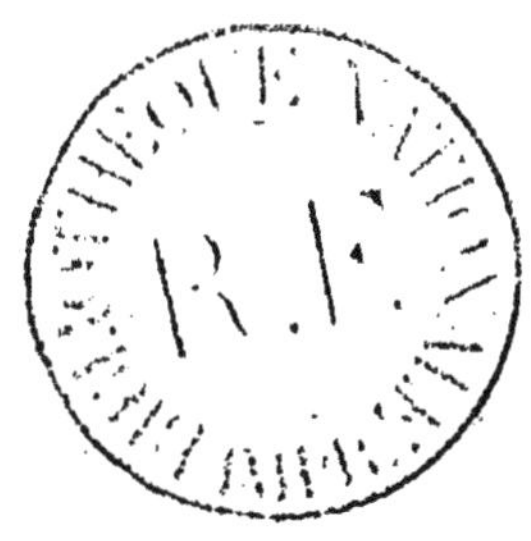

« Le suffrage universel n'est qu'un jeu de hasard dont les dés sont pipés au profit des républicains. »

«Le suffrage universel est une machine qui fonctionne mal, très mal, on ne peut plus mal; il importe de le supprimer au plus tôt. »

10 CENTIMES.

PARIS.

Chez GARNIER FRÈRES, libraires, Palais National, Péristyle Montpensier, 215 bis, et à la librairie, r. St-André-des-Arts, 27.

—

1850.

A BAS LE SUFFRAGE UNIVERSEL!

« Aujourd'hui il faut vaincre la Révolution... La Révolution, c'est la guerre; nous sommes en guerre... De quoi s'est-on servi contre les anabaptistes ? De l'épée. Ne méprisez donc pas l'épée; c'est l'arme du soldat qui défend la société... »

(*La Patrie* du 16 mars.)

« Le suffrage universel est la négation de toute discipline, de même que l'égalité actuelle est la négation de toute hiérarchie... Voilà les tristes conquêtes que nous devons à la Révolution de février. *Ces conquêtes, il faut les supprimer!* »

(*Mémorial Bordelais*.)

« La République est la négation de tout gouvernement. Le suffrage universel est l'érection à l'état de puissance légale de la force brutale et de l'ignorance. La souveraineté du peuple doit fatalement amener la destruction de la société... »

(*Idem*.)

« Le système actuel d'élection n'est qu'un jeu de hasard dont les dés sont pipés au profit des révolutionnaires. L'élection du 10 mars n'est qu'une crevasse ouverte qui montre à jour sur quel terrain miné la constitution s'élève. »

(*Messager de la semaine*.)

« ... Nous sommes assiégés; il faut faire une sortie. »

(*La Patrie*.)

« Le suffrage universel est une sorte de vin capiteux qui monte les têtes et obscurcit la raison! »

(*Le Napoléon*.)

« Les barbares sont à nos portes!... »

(*Idem*.)

« Nous sommes le droit. Au service du droit il y a une force. Il n'est pas criminel d'user de cette force, le cas échéant!... »

(*La Patrie*.)

« A quand la loi de déportation et à quand une loi qui purge Paris de sa population de truands ? Nous devons savoir qu'il y a à Paris 132,000 électeurs qui veulent le partage des biens. »

(*Courrier de la Gironde.*)

« Vis-à-vis de telles gens il ne reste plus qu'à les repousser par la force et à s'écrier : Malheur aux vaincus !... »

(*Mémorial Bordelais.*)

« La France ne reconnaît plus à Paris qu'un privilége, celui de devenir la proie des forçats libérés, des pillards, des conspirateurs !... »

(*Idem.*)

« Nous voulons que la République disparaisse, et que la majorité, à qui appartient le droit, reconstruise le trône brûlé sur la place de la Bastille par une horde de pillards... »

(*Journal de l'Aube.*)

Nous avions accepté la République parce que nous ne pouvions protester contre son usurpation, parce que nous étions cachés, comme Falstaff, pendant le combat, et qu'après le combat nous étions venus, comme Falstaff, pour réclamer notre part de la victoire auprès du nouveau gouvernement. Nous avions accepté la République comme des condamnés acceptant la ciguë, nous réservant, bien entendu, de renverser le vase qui la contenait aussitôt que nous le pourrions. Métaphore subtile mais absurde en ce que cette République du bon Dieu était très peu répulsive, très peu terrible, très peu sanglante ; et si nous n'avions en horreur la vérité comme les honnêtes gens le mensonge, nous ajouterions, pour continuer la métaphore de la ciguë malgré sa trivialité, — que c'était un breuvage très sain, très salutaire pour nos esprits malades et pour nos consciences gangrénées...

Nous avions accepté la République, parce qu'alors nous ne nous étions point comptés, et que nous croyions prudent de ne rien tenter sans être assurés du triomphe. Nous sommes de ceux qui n'acceptent une lutte qu'à la condition d'en sortir vainqueurs, grâce à la supériorité du nombre, du temps et du lieu. Mais notre adhésion, une fois donnée, nous en avions eu regret, et nous l'eussions volontiers reprise, si la chose eût été faisable, et sous le prétexte spécieux qu'en la donnant nous avions fait nos restrictions mentales. On a toujours aux lèvres quelques gouttes du lait qu'on a sucé, et nous avons été élevés à Saint-Acheul et à l'école du révérend père Loriquet, tout comme l'illustre boiteux de Frosdorff. S'il est avec le ciel des accommodements, nous nous plaisons à croire qu'il y en a avec la populace qui, à l'heure des rémunérations, nous pardonnera nos insultes à son égard en faveur de l'intention qui nous les a dictées..

Comme nous étions indignes de sa colère, la populace de Février, — la *horde* de *pillards* qui avait porté une main sacrilége sur le trône, —

nous avait oubliés. Dix-huit années d'une servitude honteuse n'avaient point aigri son noble cœur trop vaste pour contenir la mesquine envie des représailles. Nous lui devions la vie, à *cette horde de brigands*; c'était une dette désagréable et humiliante pour des défenseurs de la famille, de l'ordre et de la propriété comme nous... La reconnaissance, — d'ailleurs, — s'avarie en vieillissant, et nous n'avions pas voulu la laisser vieillir dans nos âmes, trop étroites pour qu'elle pût y séjourner à son aise et longtemps; nous nous sommes empressés de nous débarrasser de ce fardeau de reconnaissance. Nous ne devons plus rien à la populace, elle nous doit tout, en revanche !...

Elle nous doit la transportation sans jugement de quelques milliers des siens, — la proscription de quelques-uns de ses plus ardents amis et de ses plus énergiques défenseurs, — le rétablissement des impôts abolis par le gouvernement provisoire, rétablissement de l'impôt sur le sel, sur les boissons, sur la presse, sur tout ! La suppression de tous ces impôts avait été faite inconsidérément par les usurpateurs de l'Hôtel-de-Ville qui ne nous avaient point consultés pour l'exécuter, ce qui nous avait empêchés de dormir sur nos deux oreilles, honnêtement, tranquillement, pacifiquement, comme dorment les gens qui ont beaucoup de choses à se reprocher. Comme nous tenions à dormir de cette façon, — les soirées, les bals, les raoûts nous prenant les trois quarts de nos nuits, — nous avons rétabli à la hâte ces chers petits impôts prélevés sur le pain, sur le sang, sur la vie de la populace. Il faut bien que quelqu'un paie les violons, que diable!...

C'est encore à nous que cette population de *truands*, de *malandrins*, de *brigands* et de socialistes, doit la patriotique expédition de Rome où nous avons envoyé une armée républicaine combattre une armée de républicains. La France n'est-elle plus, par hasard, l'amie de toutes les nations, la protectrice de tous les peuples voisins!... Encore à nous que cette population de *truands* doit l'état de siége qui a si agréablement pesé sur Paris et qui pèse encore, — non moins agréablement, — sur six de nos départements entachés de patriotisme! A nous la dissolution des gardes nationales d'une partie de Paris et d'ailleurs! A nous les bonnes petites lois d'amour contre la presse, contre les réunions électorales, contre les associations, contre les instituteurs, contre tout et contre tous! C'est grâce à nous que la France, ce pays des arts et de l'intelligence, la France de Charlemagne et de Henri V, jouit de cette liberté de tout dire et de tout écrire dont parle quelque part Figaro, — c'est grâce à nous que le commerce fleurit et que l'ordre règne, comme à Pesth, comme à Rome, comme à Varsovie!

La populace nous doit tout cela et une multitude d'autres choses dont l'énumération deviendrait blessante pour notre modestie. Ce n'est pas à nous de nous vanter de ce que nous avons fait pour elle. D'ailleurs il n'y a pas de quoi. En outre elle le sait mieux que nous. On oublie si vite les bonnes actions commises que notre main droite a toujours ignoré ce que notre main gauche a distribué de bienfaits à la France!...

Depuis, le temps a marché et le socialisme aussi, à ce qu'il paraît. La rétrospectivité n'est pas du goût de ce siècle; notre époque ne veut pas chausser les idées de ses aïeux. Époque de décadence! siècle dépravé! société perdue!..... Nous comptions qu'à l'aide des services que nous lui rendions le peuple ouvrirait les yeux et fermerait son intelligence. Nous nous bercions de cette flatteuse idée que nous arriverions à un abrutissement complet par un système de compression progressive. Les deux années de démagogie devaient, selon nous, servir à faire regretter les dix-huit paternelles années de monarchie; nous retournions en arrière, en entraînant le siècle dans notre marche rétrograde et bienfaisante; tout cela sans bouleversements, sans révolutions, par la seule force des choses, par la seule évidence des faits. Mais nous comptions sans notre hôte, c'est-à-dire sans le suffrage universel. A BAS LE SUFFRAGE UNIVERSEL !

Le suffrage universel subtitué au mode d'élection censitaire nous avait peu inquiétés jusqu'ici ; nous en connaissions les ressorts et les dirigions à notre gré. Les victoires électorales que nous avions remportées jusqu'à ce fatal 10 mars le disent assez. . Les dons Quichottes de l'ordre, de la famille, de la religion et de la propriété, nous avaient aidés, — de concert avec le caissier de la rue de Poitiers, — dans notre croisade contre les idées démagogiques et contre les doctrines immorales et socialistes ! C'était beau, c'était louable, c'était encoûrageant. Aussi avions-nous la candeur d'espérer que cela durerait longtemps ainsi ; aussi avions-nous marché jusqu'au 10 mars 1850, jusqu'à notre Roche Tarpéienne ! après avoir tant de fois gravi le Capitole sauvé par nous... C'était triste, c'était navrant ! Le suffrage universel, à qui nous avions pardonné de s'appeler le suffrage universel, — s'est retourné contre nous, et, dans un aveuglement que nous cherchons en vain à nous expliquer, il a regimbé, il nous a jetés à bas tout brisés, tout contusionnés, tout courroucés ! A BAS LE SUFFRAGE UNIVERSEL !

Le suffrage universel *est un jeu de hasard dont les dés sont pipés au profit des républicains! C'est un vin capiteux qui monte les têtes et obscurcit la raison*, comme l'a dit avec tant de bon sens l'illustre rédacteur en chef du *Napoléon des Dimanches!*... Le suffrage universel est une misérable jonglerie, un audacieux subterfuge, une machine inintelligente qui fonctionne mal, très mal, on ne peut plus mal. Il nous avait donné raison plusieurs fois; il nous a donné tort au 10 mars 1850. C'est intolérable! Nous sommes de ceux qui veulent avoir toujours raison, — quand même!... A ces causes le suffrage universel étant affligé d'un vice rédhibitoire, — de plusieurs vices, — il importe de nous en débarrasser promptement et de le remplacer promptement par quelque chose de plus commode... A BAS LE SUFFRAGE UNIVERSEL!...

Voilà les aménités patriotiques que répètent aujourd'hui sur tous les tons les journaux de la réaction! Voilà ce que hurlent les aboyeurs poltrons et rageurs du parti *honnête* et *modéré!* A BAS LE SUFFRAGE UNIVERSEL! Tel est leur cri de guerre, cri féroce, sorti de poitrines furieuses, enrouées ou avinées! C'est le mot d'ordre de cette glorieuse ligue formée par les monarchiens de toutes les couleurs, de tous les âges et de tous les sexes! Et ce cri, — ce mot d'ordre, — la France entière l'entend passer sur sa tête, comme un glas funèbre, comme une malédiction de condamnés!... La *Patrie*, l'*Assemblée Nationale*, le *Corsaire*, le *Dix Décembre*, l'*Ordre*, les *Débats*, l'*Opinion Publique*, le *Courrier Français*, et autres feuilles *ejusdem pudoris*, avaient sonné le branle d'alarme à l'issue du scrutin du 10 mars; les journaux blancs, noirs et verts de la province ont renchéri encore sur les métaphores républicaines qui émaillaient les feuilles parisiennes: ils ont levé leurs masques et crié, à pleins poumons: A BAS LE SUFFRAGE UNIVERSEL!

Ah! messieurs les royalistes, vous repoussez maintenant le suffrage universel parce qu'il vous a repoussés! Vous prodiguez l'insulte à Paris parce que *cent trente-trois mille* citoyens de Paris ont voté pour De Flotte, Vidal et Carnot, comme sympathie à la cause que représentaient ces trois noms, et comme protestation contre vos allures odieuses et vos machinations liberticides! Ah! messieurs les ravageurs d'imprimerie, vous osez traiter ces 133,000 électeurs indépendants *d'émeutiers cosmopolites*, de *truands de la civilisation*, de *pillards*, de *conspirateurs* et de *forçats libérés*!... Vous osez, — sans respect pour les familles que vous alarmez en vain, pour les nobles cœurs que vous outragez, — vous osez provoquer à la guerre civile! Vous osez faire un appel à l'insurrection pour ramasser sur le champ de bataille, dans les ruisseaux ensanglantés, une couronne de cuivre doré, un spectre de carton à l'usage des fétiches que vous tenez en réserve! Les cerveaux pleins des souvenirs néfastes de 1815, les yeux rouges des tueries organisées par les Verdets vos aînés, vous osez ameuter toute la province contre Paris, que vous comparez à *une diligence pleine d'honnêtes gens, arrêtée sur une grande route par des brigands, et qui attend les gendarmes!* Les *brigands* sont les 133,000 électeurs courageux qui ont souffleté votre impudence sur la joue de vos candidats! *Les gendarmes que l'on attend* sont les Cosaques, n'est-ce pas?... Vaincus sur le terrain légal, vous n'acceptez pas le jugement solennel qui est votre condamnation, et vous en appelez, — non pas à la justice de votre cause, — mais à la justice aveugle de la force et de l'illégalité..... Battus ici, vous voulez reprendre là une revanche terrible! En face de l'attitude calme de la population dont vos colères et vos provocations ne troublent pas l'impassibilité, vous redoublez de fanfaronnades et, les poings campés sur la hanche comme des capitans Fracasse, vous poussez à une lutte fratricide, vous jetez d'avance votre *vœ victis!* et vous dites : « *La Révolution c'est la guerre. Nous sommes en Révolution, nous sommes en guerre.*

Il faut que les défenseurs de la société *prennent promptement l'offensive contre le parti rouge*. En révolution, le *statu quo* conspire en faveur de l'anarchie. *La victoire appartient toujours à l'offensive!* »

C'est bien, messieurs les pardonnés de Février! Retroussez vos manches, messieurs les capitans! Aiguisez vos couteaux, Trestaillons et Truphémy de Paris ou d'ailleurs! Venez nous tailler en pièces, nous éventrer, nous massacrer nous tous révolutionnaires, socialistes, républicains, ouvriers et bourgeois! Sur quelque terrain qu'il vous plaise d'engager la lutte, nous ne reculerons pas, soyez-en sûrs! Le gant que vous nous jetez, nous le relevons, et nous vous disons à notre tour, fatigués de vos ignobles provocations, blessés dans nos amitiés, raillés dans nos convictions, menacés dans nos foyers : « Vous avez emprisonné, transporté et fusillé un grand nombre d'entre nous; et nous n'avons rien dit! Seulement, nous avons envoyé le citoyen De Flotte à l'Assemblée nationale pour demander justice au nom de ceux qui ne l'ont pas obtenue!... Vous avez persécuté le socialisme, — cette religion moderne dont vous vous êtes faits les Caïphes et les Judas! — et nous n'avons rien dit! Seulement, nous avons envoyé le citoyen Vidal à l'Assemblée nationale pour continuer l'œuvre interrompue par la condamnation de Louis Blanc!...

Vous avez étouffé l'intelligence sous l'éteignoir, — l'intelligence! ce rayon de Dieu dont vous avez prétendu vous faire non les gardiens mais les geôliers!... — Vous avez substitué les jésuites à l'Université, les gendarmes et les Léotades aux instituteurs républicains et moraux; et nous n'avons rien dit! Seulement, nous avons envoyé le citoyen Carnot à l'Assemblée nationale pour protester contre vos lois d'ignorance et d'abrutissement!

Vous avez fait scier nuitamment, — par des goujats à vos gages, — les arbres de la liberté plantés par nos mains plébéiennes et bénits par les mains du clergé! Vous avez envoyé les mêmes goujats enlever nuitamment, — comme des larrons, — les couronnes déposées par nos soins sur la tombe des martyrs de 1830 et de 1848!... Et nous n'avons rien dit de ces deux profanations hideuses; de cette insulte aux vivants et de cet outrage aux morts! Seulement nous avons protesté en silence, dans nos cœurs, contre ce double sacrilége, et nous avons reconstruit pacifiquement l'édifice pieux que vous aviez détruit!

Vous nous avez pris, enfin, chacune de nos libertés; vous avez supprimé chacune de nos conquêtes de Février, faisant ainsi de chacun de vos triomphes un deuil et une provocation pour la France attristée!...

Mais, de ces conquêtes de Février dont nous étions fiers, une seule nous reste encore : LE SUFFRAGE UNIVERSEL !... Celle-là vous gêne plus que les autres ; elle dérange vos projets et vous ne parlez de rien moins que de la SUPPRIMER comme vous avez fait des autres ! Ah ! cette fois, prenez garde, messieurs les royalistes, prenez garde ! Ne touchez pas au suffrage universel, nous vous le défendons ! nous vous le défendons au nom de la patrie que vous outragez, au nom de nos familles que vous alarmez, au nom de votre sûreté que vous compromettez... Le suffrage universel est l'arche de salut de la société moderne ! C'est la pierre angulaire de l'édifice républicain ; Samsons aveugles et imbéciles, n'y touchez pas, n'y touchez pas, nous le disons encore, ou vous serez écrasés tous sous ses décombres !...

Ne criez donc plus, comme vous le faites chaque jour avec tant d'intempérance : A BAS LE SUFFRAGE UNIVERSEL ! car vous criez votre condamnation ! Ne dressez donc plus de listes de proscription, car vous dressez votre arrêt de mort !... Vous courez à l'abîme où vous voulez entraîner avec vous la France entière ! Mais la France dont vous voulez déchirer une fois encore le sein déjà meurtri, — la France qui veut, — elle, — féconder l'avenir dans les labeurs pacifiques du présent, — la France est lasse de vos orgies de pensées et de vos rêves de sang! Elle vous connaît ; elle vous a jugés : votre folie lui fait horreur, votre cynisme lui cause des nausées. Elle vous laissera vous perdre seuls, puisque vous en avez si grande envie. Courez donc à l'abîme ! Seulement prenez garde d'aller trop loin dans vos excès, dans vos provocations et dans vos hontes, et ne rendez pas, cette fois, tout pardon impossible !..

25 mars 1850.

Paris. — Imprimerie Lacour et Ce., rue S-Hyacinthe-S-M,, 31, et rue Soufflot, 11.

BIBLIOTHEQUE NATIONALE DE FRANCE
3 7531 00178353 0

www.ingramcontent.com/pod-product-compliance
Ingram Content Group UK Ltd.
Pitfield, Milton Keynes, MK11 3LW, UK
UKHW020456220726
13923UKWH00006B/2579

9 782016 199503